# CATALOGUE

# ESTAMPES

ANCIENNES ET MODERNES

A. Bosse, Callot, Ostade, Rubens, Téniers

## PORTRAITS

Alix, Daullé, Drevet, Edelinck, Nanteuil, etc.

## ÉCOLE DU XVIII$^{e}$ SIÈCLE

Aubry, Baudouin, Boilly. Boucher, Chardin
Debucourt, Eisen, Fragonard, Freudeberg, Greuze
LANCRET, *Contes de La Fontaine*, in-fol.
MOREAU, *Costumes physique et moral*
RANSON, son Œuvre en 20 cahiers, très-rare
Pater, Picart, Pièces historiques, Prudhon, Schall, Schenau
J. Vernet, C. Vernet, Watteau, Wille

## QUELQUES DESSINS

**Collection de feu M. Ludovic MICHEL**

Receveur des Domaines à Dieppe

DONT LA VENTE AURA LIEU

HOTEL DES COMMISSAIRES-PRISEURS

RUE DROUOT, 9, SALLE N° 4

AU PREMIER ÉTAGE

Les Jeudi 11, Vendredi 12 et Samedi 13 Décembre 1879

A UNE HEURE PRÉCISE

Me **Maurice DELESTRE**, Commissaire-Priseur,
rue Drouot, 27,
Assisté de **M. VIGNÈRES**, Marchand d'Estampes,
rue de la Monnaie, 21, à l'entre-sol
CHEZ LEQUEL SE DISTRIBUE LE CATALOGUE.

PARIS — 1879

2253-50
4964-50
6095
13313

| | | |
|---|---|---|
| 800 Catalogue affranchis a 10c | 80 | |
| 11 Mains chemises a 1/50 | 16 | 5 |
| 324 Montages sur le papier de la vente | 16 | 2 |
| Honoraires 10 % | 1331 | 3 |
| | 1,444 | |

(445e)

# CATALOGUE

## ESTAMPES ANCIENNES

1. **Allard** (C.), *excudit*. L'Ouïe. — Le Gout. — L'Attouchement, 3 p. in-fol. Intérieurs d'appartements. Marge vierge.
2. **Audran**. La Peste d'Eaque, d'ap. *Mignard*. — Martyre de Saint-André, d'ap. le *Guide*. — Le Parnasse français, 3 p. très-grand in-fol.
3. **Baudouin**. Chasse au loup, d'ap. *Van der Meulen*.
4. **Berghem** (D'ap.). Les Satyres et les Dryades, L'Après dînée, Embarquement de vivres et autres, 20 p. de divers formats.
5. — Sujets de bergers et animaux, *Visscher fecit*, 9 p. Collect. Rousselin, de Rouen, 11 décembre 1869.
6. **Bois anciens**. Vie de Jésus-Christ, Saints, Apôtres, 33 p. Collect. Rousselin.
7. **Bonnart** (Chez la Ve). Histoire de Don Quichotte, 8 p. très-grand in-fol., avec texte français et espagnol au bas.

8 **Bosse** (Abraham). Les Palmes du juste, in-4. C'est le portrait de Louis XIII. Superbe.

9 — Le Portefaix, avec vue du Pont-Neuf et la Samaritaine au fond. — Mendiant jouant de la flûte et du tambourin. — Récureur de puits. — Vinaigrier. — Espagnol marchand de mort aux rats, 5 p. petit in-4. Très-belles.

10 — Les Vertus cardinales, 9 très-petites pièces. Superbes.

11 — L'Espagnol et son laquais, in-fol.

12 — Le Siège de la Motte. — Les Forces de la France. — Les Vœux du Roy et de la Reine, 3 p. in-fol. en long, forme de frise.

13 — L'Accouchée. — Visite à l'accouchée, 2 p.

14 — Histoire de l'Enfant prodigue, 3 p.

15 — L'Odorat, la Vue, l'Air, l'Automne, etc., 5 p.

16 **Breughel**, de Velours (D'ap.). Environs d'Anvers, de Bruxelles, 1re et 2e Vue de Bruges, etc., 6 p. Superbes ép. par *Le Bas*. Gollect, Rousselin.

17 **Bry** (D'ap. Théodore de). Lettres de l'Alphabet, ornées de figures, 14 p.

18 **Callot**. Massacre des Innocents, grande marge, Ecce homo, Saint Nicolas, etc., 10 p.

19 — Combat à la barrière, le Brelan, le Parterre de Nancy, Tentation de saint Antoine, B[lle] de Veillane, 10 p. par et d'après.

20 — Noblesse, Bohémiens, Paysages, Emblèmes, etc., 75 p. par et d'après.

21 — L'Exorcisme, la grande Chasse au cerf, Misères de la guerre, Fantaisies, grande et petite Passion, Balli, etc., 37 p. Collect. Rousselin.

22 **Cock.** Les Sciences, Jésus portant sa croix, 6 p. Collect. Rousselin.

23 **Cort** (C.). Noce de Cana, saint Jérôme et autres, 4 p. Collect. Rousselin.

24 **Danckerts.** Scènes de Bergers avec animaux, d'ap. *Berghem* et *Wouvermans*, 4 p. in-fol. Collect. Rousselin.

25 **Dé** (Maître au). Combat naval (B. 78).

26 **École italienne.** Les Colosses du Quirinal, Vierge, Croix formé de sujets religieux, Regulus, etc., 15 p. Collect. Rousselin.

27 — d'ap. Albane, Correge, Giordano, Tintoret, P. Veronese et autres, 15 p. grand in-fol.

28 — d'ap. Londonio, Novelli et autres, 6 p. in-fol.

29 — d'ap. Jules Romain et autres, Histoire romaine, 10 p. in-fol.

30 — Sujets religieux, d'ap. Titien, P. Veronese et autres, 30 p., divers formats.

31 — Vue de Venise, Monuments de Piranesi, Paysage, d'ap. Ricci, Zuccarelli et autres, 22 p. in-fol.

32 — Compositions par les anciens graveurs, d'ap. différents maîtres, 85 p.

33 — Bacchantes d'Herculanum, 0 p.

34 **École flamande.** Les Arts libéraux, le Chasseur hollandais, Animaux, Scènes diverses, 42 p. Collect. Rousselin.

35 — Sujets divers, par Erlinger, Greuter, etc., 7 p. Collect. Rousselin.

36 — Sujets historiques et autres, le Gâteau des Rois, Silène ivre, d'ap. Van Dyck, etc., 50 p. Divers formats.

37 — Sujets religieux, N. de Bruyn, Van Dyck, etc., 13 p.

38 — Paysages, par Boll, Merian, Sadeler et autres, d'ap. Both, Brill, Rembrandt, Ruydael, etc., 44 p. Divers formats.

39 **École française.** Allégories, La Hyre, Chauveau, Dorigny, sujets religieux et autres, 25 p. Collect. Rousselin.

40 **Figures** pour l'ouvrage de Della Valle, avec les portraits, 26 p., petit in-fol.

41 **Hogenberg** (N.). Cavalcade de Clément VII et Charles-Quint, 14 morceaux.

42 **Hondius.** Paysages avec sujets de l'Enfant prodigue, 4 p. in-fol. Très-belles ép. Collect. Rousselin.

43 **Huret** (D'ap.). Les Éléments, 4 costumes de femmes, petit in-fol, par *Couvay*. Superbes ép. Collect. Rousselin.

44 **La Mare-Richard** (De). Têtes de vieillards, femmes et enfants, à l'eau-forte, 7 p. Collect. Rousselin.

45 **Le Brun** (D'ap.). Batailles d'Alexandre, par *J. Audran*, 6 p. in-fol. Très-belles ép.

46 — Moïse épouse Sephora, Plafond, Saint Jean, Sainte Madeleine, Batailles d'Alexandre, 10 p.

47 **Le Clerc** (Séb.). Les petites Conquestes, 7 p. in-4.

48 **Le Pautre.** Chandeliers, Cheminées, Panneaux d'ornements, 8 p. Superbes. Collect. Rousselin.

49 — Fonds baptismaux, Fontaine, Moïse, Panneaux, le petit Bonhomme, etc., 9 p. Superbes. Collect. Rousselin.

50 **Londersel.** Paysages avec sujets bibliques, 5 p. Collect. Rousselin.

51 **Masson.** Sainte Famille, d'ap. *Mignard*, in-fol., 1er état. Collect. Rousselin.

52 **Mauperché.** Histoire de Tobie, 6 p. — L'Enfant prodigue, 4 p. — Le Miracle et autres, 15 p. Très-belles. Collect. Rousselin.

53 **Meulen** (D'ap. Van der). Prise de Courtray, par *Avril.* — Château de Fontainebleau, côté des jardins. — L'Armée du prince d'Orange défaite devant Mont-Cassel, 3 p. Très-grand in-fol.

54 **Mignard** (N.). Ulysse chez Circé (R. D. 5 avant que l'adresse de Mariette soit effacée. — Le Triomphe de Bacchus (9), avec Drevet excud. — Sainte-Catherine présentant les philosophes convertis à la Vierge, par *C. Audran,* 3 p. in-fol.

55 **Morin.** Groupes d'anges, d'ap. *Ph. de Champagne;* le Bouvier, d'ap. *Fouquier;* la Circoncision de *Spierre,* 4 p. Collect. Rousselin.

V. 6.50 56 **Ostade.** La Fileuse, le Fumeur à la fenêtre, la Danse au cabaret et autres, 5 p.

Voy 9 57 — (D'apr.). Tabagies, Sujets flamands, les Musiciens ambulants, de *C. Visscher* et autres, 21 p.

11 58 **Paysages**, d'ap. Claude Lorrain, Poussin et autres, 14 p. très-grand in-fol.

V. 6 59 — d'ap. Fouquier, Wagner et autres, 26 p. Collect. Rousselin. 10.50

3 60 — d'ap. Claude-Lorrain, et par Perelle et autres, 26 p. in-fol.

V. 10 61 **Perelle.** Paysages ronds 10, carrés en hauteur 8, de divers formats in-4 et in-fol. 14. En tout, 32 p. Collect. Rousselin. 3.50

8 62 **Pièces curieuses**, drôlatiques. Les Enfarinez. — Le Spadassin espagnol et son valet qui lui présente une rave, 2 p.

2.50 63 **Poussin** (D'ap.). Moïse sauvé des eaux. — Frappement du rocher. — Le Baptême, etc., Divers formats. 5 p.

4 64 **Raphael** (D'ap.). Bas-Reliefs, Sujets de l'Ancien Testament, Vierge à la chaise, Vierge au rideau, 12 p. Collect. Rousselin. 5.50

10.50 65 **Rubens** (D'ap.). Couronnement de la Reine. — Gouvernement. — Apothéose d'Henri IV, 3 p. très-grand in-fol.

Voy 9 66 — Mucius Scevola. — Silène de Soutman. — Mars va à la guerre et retour. — Herculo et le Lion de Nemé, 5 p. in-fol. et grand in-fol.

67 — Adoration des Mages, le Christ mort, Pièces de la Galerie du Luxembourg, etc., 10 p. Malades.

68 **Sadeler.** Sujets de l'Ancien et Nouveau Testament, 30 p. Collect. Rousselin.

69 — Les Cuisines du Bassan, ou les Saisons, 4 p. Collect. Rousselin.

70 **Stella** (Claudine). Pastorales, Mœurs et Usages villageois, 8 p. Collect. Rousselin.

71 — Jeux d'enfants, 49 p. petit in-4. Collect. Rousselin.

72 **Swanenburch.** Fête flamande, d'ap. *Van Boons*, très-grand in-fol.

73 **Tempesta.** Les Mois, avec entourages ornés, Batailles, 25 p.

74 **Teniers** (D'ap.). Les Œuvres de Miséricorde, le Mauvais Riche, Fêtes flamandes, etc., 9 p. très-grand in-fol.

75 — Son Portrait et Sujets flamands, 22 p. in-fol. et in-4. 22 p. Belles ép.

76 — Fumeurs, Scènes de tabagies flamandes, 63 p. Divers formats.

77 **Tetelin** (D'ap.). Trophées formés de groupes d'enfants en montants, 4 p.

78 **Velde** (J. Van de). Les Saisons, Paysages, grands Sujets villageois, 4 p. in-fol. Collect. Rousselin.

79 **Wandelaar.** Sujets de l'Ancien et Nouveau Testament, 110 p. Collect. Rousselin.

80 **Waterlo**, etc. Paysages à l'eau-forte, 15 p.

81 **Wouwermans** (D'ap.). Scènes militaires, Scènes de chasse, Compositions avec des chevaux, 30 p. in-fol. et grand in-fol.

82. Le Miroir de la cruelle et horrible tyrannie espagnole, perpétrée au Pays-Bas par le tyran duc d'Albe et autres de par le roi Philippe II, avec texte, 18 p. petit in-4.

## ESTAMPES MODERNES

83 **Alexandre** *sc.* Le Postillon de Longjumeau 4 p., manière noire, petit in-fol.

84 **Arnout** père. Paris et ses souvenirs. Vues dans des entourages illustrées, lithog. in-fol sur chine, 24 p. Superbes.

85 **Aubry-Lecomte** d'ap. Prud'hon, Greuze et autres, 5 p. superbes.

86 **Bein**. La Nymphe d'après *Lancrenon* in-fol. Superbe ép. Marge vierge.

87 **Caricatures**. *Grandville*, Métamorphoses. — *H. Monnier*, Pasquinades et autres.

88 **Charlet** et autres, 18 pl. coloriées et noires.

89. **Desnoyers**. La belle Jardinière, d'ap. *Raphael*, ancienne ép.

90 **Deveria**. Costumes des personnages de Quentin Durward, etc., 14 p.

91 **Eaux-fortes** et lithog. tirées de l'Artiste et autres, Blanchard, Marvy, etc. 16 p.

92 — de Daubigny, Demarne, Marvy, etc. 35 p.

93 **École italienne.** Angélique et Médore, grand in-fol. Avant la lettre d'ap. Guerchin par *Guil. Morghen.* — Agar et Ismaël dans le désert par *Garavaglia.* 2 p. Très-belles.

94 **École moderne.** La Religieuse avant toute lettre. — Sixte Quint. — La Religieuse d'Oviedo. — Le Berger et la mer. — La Veuve du soldat. — L'Aveugle. 6 p. in-fol.

95 — Jugement de Paris. — Danse des Nymphes. — Leçon de flute. — Circassienne au bain. — Narcisse. 5 p. in-fol. Toute marge.

96 — Il bagno di Leda. — L'Amour et Psyché. — Sommeil de Vénus. — Le Tasse à Rome et autres. 6 p. grand in-fol.

97 — D'ap. Bellangé, Deveria, Drouais etc. 12 p. in-fol.

98 **Égypte** (Pièces tirées du grand ouvrage sur l'). 11 p. Très-grand in-fol.

99 **Gérard** (d'ap.). Belisaire, par *Desnoyers.* — Homère, par *Massard.* 2 p. in-fol. Très-belles.

100 — Corinne au cap Misène, in-fol. par *Prevot.* Très-belle.

101 **Jazet.** Serment du Jeu de paume, d'ap. *David.* Immense in-fol. — Le même, réduction. Belle. ép., 2 p.

102 — Siècle de François Ier. — Apothéose de Napoléon. 2 p. grand in-fol. Belles ép.

103 — Adieux de Cinq Mars à sa famille en couleur. — Le Hussard en semestre. — Le soldat complaisant. 3 p. grand in-fol.

104 — Calèche française attaquée par des brigands espagnols, d'ap. *Lecomte*. In-fol. Coloriée.

105 — L'Accordée de village. — Le Braconnier pris. — La Lettre de recommandation. — Effroy maternel. — Jugement de la reine Catherine. — Mariage d'Anne de Boulen. 6 p. in-fol. Manière noire, belles ép.

106 — Le Départ pour le marché. — Le Marché conclu. 2 p. in-fol.

107 **Lithographies**. La Courtisane. — Coup d'œil de l'aigle. — Apothéose. — Corinne. — L'heureux Retour. — Les débuts d'un Jockey et autres. 15 p. grand in-fol.

108 — Histoire et Galerie du Palais Royal et autres. 16 p.

109 — E. de Beaumont, sujets d'enfant coloriés, Boilly. 6 p.

110 — Paysages divers formats. 28 p.

111 — Bellangé. — Raffet. — Carle et Horace Vernet. 12 p.

112 **Manière noire**. Scènes de mère et enfant. 2 p. Avant toute lettre. Marge, grand in-fol. Très-belles.

113 — Édouard en Écosse. — Charles Ier — Minna et Brenda — Fénelon. Grand in-fol. Très-belles ép. Marge.

114 — Le Savoyard, d'ap. *Decamps*, Philippo Lippi, l'Effroi etc. 9 p. in-fol. Belles épr.

115 **Migneret** (Ad.). Molière consultant sa servante, d'ap. *H. Vernet*. — Mort de Molière. 2 p. in-fol.

116 **Pigal**. Scènes de sociétés, scènes populaires, 14 p. coloriées. 5

117 **Prot**. La Dame du lac. 4 p. in-fol. 1

118 **Raffet** (D'ap.). Napoléon Ier et la Garde impériale. 21 p. coloriées et texte in-4. Tachées d'humidité. 3 . 50

119 **Roqueplan** 8. — Lepoitevin 2. — Bouton 4. etc. 15 p. Lithog. 2 . 50

120 **Scheffer** (D'ap.). La veuve du Soldat. — La famille du Marin. 2 p. in-fol. par *Girard*. 3

Durfort 121 **Wattier**. L'Échelle conjugale, les Illusions 4. — Les Réalités 8. En tout 12 p. coloriées. Superbes. 10 Vig

122 **Xavier Leprince**. Inconveniens d'un voyage en diligence. 12 p. Lith. coloriées. Superbes. 21

123 **Bois modernes**. Les artistes vivants. Corot. E. Delacroix. Napoléon et l'armée d'Italie. Journaux. Caricatures. un lot. 2 . 50

---

## PORTRAITS

124 **Alix** Baptiste aîné dans le rôle de Robert, chef de brigands, au-dessus de la scène IX, petit in-fol. en couleur, marge, très-belle ép. 30

S[?] 30. Fabre 10. Hongard 5. 125 — Charlotte Corday, ovale en couleur, petit in-fol. Superbe. 31

126 — Michel Lepelletier, ovale en couleur, petit in-fol., très-belle ép. marge. 19

127 — Boileau — Bossuet — J. Delille — Diderot — Fontenelle — La Bruyère — Montesquieu. 7 p. ovales en couleur, petit in-fol., très-belles épreuves.

128 — Kléber en pied, d'ap. *Boilly*, in-fol.

129 **Audouin**, etc. Henri IV, Louis XVIII, Comte d'Artois, Duc et Duchesse d'Angoulême, Duc et Duchesse de Berry. 10 p. Lettres grises et ombrées.

130 **Basan.** Carle Vanloo, in-fol. d'ap. lui-même.

131 **Benedetti**. Canova, in-fol. d'après *Lampi*, grande marge, très-belle ép.

132 **Bertonnier**. Mademoiselle Bourgoin, in-4 marge, in-fol., très-belle ép.

133 **Boulanger**. La Mère Marie - Angélique Arnauld, abbesse réformatrice de Port-Royal. In-4.

134 **Brissart** *del. et sculp*. Statue équestre d'Henri IV sur le Pont-Neuf, 1635, in-fol. superbe, rare.

135 **Carmona** (S). F. Boucher, peintre, d'après *Roslin*, très-belle ép. toute marge, in fol.

136 **Carmontelle** (D'ap. de) Brizard, comédien, en pied. Petit in-fol., très-belle ép.

137 **Cars**. Michel Anguier, sculpteur, petit in-fol. d'ap. *Revel*, très-belle ép. toute marge.

138 — Sébastien Bourdon, peintre, petit in-fol. très-belle ép. toute marge.

139 — Michel de Bussi Rabutin, évêque de Luçon, grand in-fol.

140 — Pierre d'Hozier, généalogiste, in-fol., belle ép. marge.

141 **Cathelin.** J. J. Balechou, célèbre graveur, petit in-fol. d'ap. *Arnavon*, chanoine, belle ép.

142 **Chereau** (F.). Louis de Boulogne, peintre, d'ap. lui-même, petit in-fol., superbe ép. grande marge. Collect. Visscher.

143 — Nicolas Delaunay, directeur de la Monnaie, des Médailles, in-fol. d'ap. *Rigaud*, superbe ép. grande marge.

144 — Largillière, d'ap. lui-même, in-fol. Très-belle ép.

145 **Cunego.** B. Joseph Labre, profil grandeur naturelle.

146 **Daullé.** Le Dauphin, fils de Louis XV, in-4, magnifique ép. avant la lettre.

147 — J. B. Rousseau à mi-corps, d'ap. *Aved*, grand in-fol. avant la lettre, les noms écrits à l'encre sur la bordure.

148 **David** 1772. Gaspard Netscher, sa femme et son fils, in-fol. d'ap. lui-même.

149 **De Launay** (N.). Jean-François de Troy. Superbe ép. avant la lettre dans la tablette, toute marge, in-fol.

150 — Le même avec la lettre, toute marge, superbe.

151 **De Lorraine.** Chanville en pied jouant de la musette, in-fol.. Très-belle ép. marge.

152 **Desplaces.** Mademoiselle Duclos, d'ap. de *Largillière*, in-fol. Très-belle ép.

153 **Drevet.** Nicolavs Boileav Despreavx, in-fol. d'ap. *Rigaud.*

154 — L.-A. de Bourbon, duc de Dombes. — Le Marquis d'Herbaut. 2 p. in-fol.

155 — Nic. P. Camus, chevalier de Pontcarré, présid. du Parlement de Rouen, grand in-fol.

156 — Robert de Cotte, architecte, in-fol. d'ap. *Rigaud.* Superbe ép.

157 — P. Nic. Couvay, in-fol. d'ap. *Tournière*, très-belle ép. grande marge.

158 — Adrienne Le Couvreur, rôle de Cornélie, in-fol. d'ap. *Ch. Coypel*, très-belle ép. grande marge.

159 — H. Rigaud tenant un porte-crayon, très-belle ép. avant le manteau raccourci, in-fol.

160 **Duc.** Billiaut, célèbre patineur dans la pose du Mercure, lithog. coloriée, in-fol. avec dédicace autographe signée.

161 **Duflos.** Antoinette d'Orléans Longueville, in-4.

162 **Dupuis.** Ph. Wouwermans, peintre, d'après *Visscher*, in-fol., très-belle ép. dans un riche encadrement orné d'animaux.

163 **Edelinck** (G.). P. Vincent Bertin (R. D. 149.), in-fol., belle ép. marge.

164 — Pierre de Carcavy, garde de la Bibliothèque du roi (163), in-fol. d'ap. *Tetelin*, très-belle ép.

165 — Ch. d'Hozier, généalogiste, in-fol., très-belle ép. marge.

166 — Adrien Le Fort-de-La Morinière, littérateur, in-fol. d'ap. *Tortebat.*

167 — Charles Le Brun, premier peintre du Roi, grand in-fol. d'ap. *N. de Largillière* (238). Belle ép. de la collect. du duc de Buckingham.

168 — R. Poisson en pied, rôle de Crispin (R. D. 299), très-belle ép. marge.

169 — Saint Louis, roi de France, à genoux et priant (28), grand in-fol. Belle ép.

170 — Saint Charles Borromée à genoux et priant, grand in-fol. d'ap. *Lebrun* (R. D. 29).

171 — Ant. Arnauld — Bertin — Malezieu — Mouton. 4 p. in-fol.

172 **Edelinck** (N.). Pierre Cheron, contrôleur de la maison de la Reine, mort en 1742, in-fol. marge.

173 **Fessard**. Et. Fr. duc de Choiseul-Amboise, ministre de Louis XV, grand in-fol. d'ap. *Vanloo*, très-belle ép. marge.

174 **Gaillard** (R.) Henri-Léonard-Jean-Baptiste Bertin, secrétaire d'Etat, grand in-fol. d'ap. *Roslin*.

175 **Galerie Cardinale**. Portraits en pieds dans des encadrements avec scènes historiques. 8 p. in-fol.

176 **Gunst**. Victor Amédée II de Savoie, in-fol. superbe.

177 **Henaut et Rapilly** (Chez). Duc de Bourbon, Madame, Louise-Marie de France, Louis XV, etc. 7 p.

178 **Henriquez**. D'Alembert, petit in-fol. marge très-belle.

179 **Huot** (Fr.). 1782. De la Harpe, académicien, in-4 d'ap. *Pujos*, belle ép.

180 **Ingouf** (Fr.). Michel Le Clerc, joueur de vielle. — Charles Minart, joueur de violon. 2 p. petit in-fol.

181 **Janinet**. Ninon de Lenclos, ovale en couleur, petit in-fol. coupé en ovale.

182 — Benj. Franklin, ovale en couleur, petit in-fol. avant et avec la lettre. 2 p.

183 **Jehotte**. Le Chevalier Hubert Goffin et son fils dans la houillère Beaujonc, in-fol., très-belle épreuve.

184 **Joullain**. F. Desportes, peintre, en pied, in-fol. marge, belle ép.

185 **Klauber**. Ch. Gab. Allegrain, sculpteur, très-belle ép. avec une seule ligne, in-fol. toute marge.

186 **Laugier**. Jacques Delille, grand in-fol. d'ap. *Danloux*. — Madame de Staël, in-fol. 2 p.

187 **Lebas**. P. J. Cazes, peintre, d'ap. *Aved*, in-fol., superbe ép. marge entière.

188 **Le Beau**. Louise-Marie-Thérèse-Bathilde d'Orléans, duchesse de Bourbon, in-4, toute marge, superbe.

189 **Le Mire**. Washington général, en pied, d'ap. *Le Paon*, collé.

190 **Lépicié**. Nicolas Bertin, peintre, superbe ép. in-fol. d'ap. *De Lien*, marge.

191 — 1736. L. de Boullongne, peintre, in-fol. d'ap. *Rigaud*, belle ép. grande marge.

192 — 1733. Charlotte Desmares, in-fol., célèbre actrice, très-belle ép. marge.

193 — Ph. Orry, contrôleur des finances, in-fol. d'ap. *Rigaud*.

194 **Leroy.** Batiste cadet dans les Héritiers. — Fleury, Acteurs du Théâtre-Français. 2 p. in-fol. en couleur, superbes ép. toute marge.

195 **Lignon.** Madame la Comtesse de Genlis, petit in-fol. d'ap. *Cheradame*, superbe ép. marge vierge.

196 **Maile.** Une Tragédienne (Miss Smitson, Madame Berlioz) avant et avec la lettre. 2 p., manière noire, in-fol., toute marge.

197 **Massard** (L.). Monseig. L.-M.-Ed. Blanquart de Bailleul, archevêque de Rouen, superbe ép. in-fol sur chine.

198 **Mecou.** Louise-Marie-Adélaïde de Bourbon-Penthièvre, duchesse douairière d'Orléans, in-4 d'ap. *Dumeray*, superbe ép. lettre grise, marge vierge.

199 **Michel** (J.-B.). Marie-Anne Botot Dangeville, comédienne, petit in-fol. d'ap. *P. de Saint-Aubin*, très-belle ép.

200 **Nanteuil.** Victor Le Bouthillier, archev. de Tours (54), belle ép., 1er état non décrit, in-fol. avant le nom sur la bordure octogone.

201 — Cardinal Mazarin (178), in-fol. octogone, belle ép. Marge.

202 — Henri de La Tour d'Auvergne, Vicomte de Turenne (R. D. 232). 2e des 4 états, superbe ép. ~~Toute marge~~.

203 — Colbert (71). — Mazarin (178). — Ferd. de Neuville (203). 3 p.

204 **Nattier** (D'ap.). La Terre, M^me^ Louise, par *Balechou*. — L'eau, M^me^ Victoire, par *Gaillard*. 2 p. in-fol.

205 — La Force par *Balechou*. — La Comédie par *Fessard* et autre. 3 p. in-fol.

206 **Patas.** M^lle^ Colombe l'aînée (Belinde acte 1.), en pied, riche costume. Ép. Toute marge. Très-belle ép.

207 **Pitteri.** Buste de Jeune fille, la tête appuyée sur sa main, grandeur naturelle. Très-belle.

208 **Poilly.** Fr. de Troy, peintre. In-fol. Superbe ép. Marge vierge.

209 **Porter.** Ginevra Donati en pied, manière noire. Petit in-fol. Très-belle ép. Toute marge.

210 **Reynolds** (D'ap.). Miss Bingham. — Countess Spencer. 2 p. in-4, en couleur, par *Bartolozzi*.

211 — Mrs Barrington, par *M. Ardell*. Jeune fille tenant un chat noir. 2 p. petit in-fol., manière noire. Très-belles.

212 **Ryland.** Georges III en pied, d'ap. *Ramsay*. In-fol.

213 **Saint-Aubin.** Le duc de Bourgogne avant et avec la lettre. — Franklin. — J.-J. Rousseau. 4 p. in-4.

214 **Schuppen** (Van). Louis XIV étant jeune. Petit in-fol., d'ap. *Vaillant*.

215 **Sixdeniers.** Arago, manière noire, in-fol d'ap. *Scheffer*. Très-belle ép. Marge.

216 **Sudre.** Comte de Rambuteau. Lithog. in-fol. sur chine, d'ap. *Scheffer.* Superbe ép. Marge.

217 **Surugue.** Joseph Christophe de Verdun, peintre, in-fol., dap. *Drouais.* Superbe ép. Toute marge.

218 **Tardieu.** Bon de Boullongne, peintre, d'après lui-même. Superbe ép. in-fol. Toute marge.

219 **Tardieu** (J.). Marie Leczinska, reine de France, d'ap. *Nattier,* à mi-corps, grand in-fol. Charmant portrait le plus important du personnage. Très-belle ép.

220 **Tournelle.** P. de la Broue. Ev. de Mirepoix. In-fol., d'ap. *Rigaud.* Très-belle ép.

221 **Trouvain.** Louis XIV en pied, petit in-fol. Belle ép.

222 **Vallée** (S.) J. de Troy, peintre, in-fol. d'ap. *F. de Troy.* Très-belle ép. Grande marge.

223 **Valperga.** Franc. Arnaud, abbé de Grandchamp, académicien, d'après *Duplessis,* petit in-fol.

224 **Vangeilsty** 1777. Delille. — Ducouëdic. 2 p., in-4.

225 **Vermeulen.** Jean de Brunenc de Lyon, in-fol. d'ap. *Rigaud,* superbe ép. marge, collect. Visscher.

226 **Vermeulen.** Mezetin, comédien, en pied, d'ap. *de Troy,* grand in-fol. Très-belle ép.

227 **Vertue.** Tombeau de Henri Darnley Scot, Mathieu Comte de Lenox, Marguerite son épouse, son frère Charles, Jacques enfant. — Henri VII, Henri VIII, Élisabeth, Jeanne Seymour. 2 p. Très grand in-fol

228 **Watson.** Abelard. — Héloïsa 2, manière noire, in-4, d'ap. *Gardener*. Superbes.

229 **West** (D'ap. Benj.). Sa Famille, immense in-fol., par *Facius*.

230 **Will.** Louis Dauphin. — Marie-Thérèse d'Espagne. — Marie-Joséphine de Saxe. 3 p. in-4. Toute marge.

231 — Henri Benoist Stuart, in-4. Toute marge.

232 — Maurice de Saxe, in-fol.

233 **Bonaparte** à la Malmaison, d'ap. *Isabey*, par Godefroy. — Autre en manière noire, la main sur les traités. 2 p. grand in-fol.

234 **Buffon.** In-4 par *Chevillet*. — In-fol. par *Hubert*. Avant la lettre. — Petit in-fol, par *Vangeslisty*. 3 p.

235 **Cagliostro** (Comte de). — La Comtesse. 2 p. ovale en couleur, grand in-8

236 **Louis XV** en pied, par *N. De Larmessin*, et par *Petit*. 2 p. in-fol. Très-belles.

237 — par *Wille*. — Allégories, par *Fessard*, par *Cars*. — Marie Leczinska en pied. 4 p., très-grand in-fol.

238 **Louis XVI** et sa famille au sein de la gloire céleste. Très grand in-fol., par *Duthé*.

239 — par *Coqueret*, in-4. — par *Coutellier* in-fol. — *Godefroy*, in-8. — Saules pleureurs. 5 p.

240. — et Marie-Antoinette, par *Le Beau*. In-8. — et Marie-Antoinette, par *Pierron*. in-4. 4 p.

241 **Marie-Antoinette** en pied, soutenant un vase où se trouve le portrait du roi. Grand in-fol. Avant la lettre.

242 — par *Dumenil*. — Chez *Croizet*. — Chez *Christy*. — La famille, par *Phelipeaux*. 4 p. 12

243 **Napoléon**. In-fol., par *A. Lefèvre*. avant la lettre. Sur chine, marge — en pied — duc de Reichtadt. 3 p. 1

244 **Necker**, en couleur par *Vérité* et autre 2 — de profil en noir, par *Le Beau* et *Dambrun*. 4 p. 9

245 **Artistes**. Peintres. Bartholini. — Le Brun. — Le Sueur. — Titien etc. 12 p. divers formats. 8

246 **Acteurs**. Baron. — Brizard. — Cath. Descine. — Eugénie. — Laruette. 5 p. in-fol. 8.50

247 — Mezetin. — Poisson. — Clairon sur son char. 3 p., grand et très-grand in-fol. 8

248 — et actrices de *Colin* et autres. 23 p. 8

249 **Clergé**. J. d'Estrées, Delamet, Rob. Secousse, Le Clerc de Juigné, in-fol. et autres différents formats. 22 p. 5

250 **Femmes** célèbres. Apothéose de la princesse Charlotte, Sophie comtesse Xamoiski, et autres. 15 p. divers formats. 13

251 **Ecrivains**. D'Alembert. — Diderot. — Jaillot et autres, in-fol. 5 p. 7

252 — Arioste, Chapelain, Montaigne etc. 16 p. divers formats. 9

253 **Musiciens**. Beethoven, Delalande, Mozart, Paisiello, Rossini. 5 p. in-fol. 3.50

254 **Rois** de France. François Ier. — Louis XIII. — Louis XIV. — Dauphins. — Louis XV. — Louis XVIII. — Charles X. — Louis Philippe en pied par *Jazet*. grand in-fol etc. 22 p. divers formats. 6.60

255 **Célébrités diverses.** Anglaises, et autres 12 p. in-fol.

256 — Françaises et étrangères, divers formats 24 p.

257 — Modernes, gravés et lithog. 40 p.

258 — Grands maîtres de l'ordre de Jérusalem par l'abbé de Vertot, par Cars. In-4. 41 p.

259 **Portraits.** Grandeur naturelle, Henri IV, Louis XVIII coloriés, en noir J. Romain, Pie VII, Napoléon, Marie Louise. 8 p. Très-grand in-fol.

## ESTAMPES DU XVIII° SIÈCLE

260 **Aliamet.** Le Four à briques, in-fol., d'ap. *Berghem.* Superbe ép., marge. Collect. Rousselin. — La Reddition de Calais au roi Édouard III, en 1347, grand in-fol., 2 p.

261 — Paysages : Vues de Dresde, d'ap. *Wagner* et *Hackert,* 3 p. Superbes, toute marge, petit in-fol.

262 **Anonyme.** Vénus se désolant de la mort d'Adonis, grand in-fol., en hauteur, avant toute lettre. Belle ép.

263 **Attvold,** etc. L'Officier et le Commandant moderne, signor Macaroni, le Grenadier de France, le Triomphe du prince Colifichet, Caricatures et Paysages, 6 p. Collect. Rousselin.

264 **Aubry** (D'ap.). Les Adieux à la nourrice, par *R. De Launay*, in-fol. Belle ép.

265 — L'Heureuse Nouvelle, par *Simonet*, 1777. Superbe ép. grand in-fol., toute marge, avec les armes, mais avant la lettre.

266 — La Bergère des Alpes. — Les Adieux à la nourrice et autre, 3 p. in-fol.

267 — La Bonté maternelle. — Reconnaissance de Fonrose et autre, 3 p. in-fol.

268 **Avril**. Le Patriotisme français. — Vue de la Colonne trajane à Rome, 2 p. très-grand in-fol.

269 — Les Baigneuses surprises, d'ap. l'*Albane*. — Nymphs sporting, par *Picot*, 2 p. grand in-fol.

270 — Suzanne au bain. — Apollon fait danser les Saisons, 2 p. in-fol.

271 **Bartolotti**. Histoire de Lœtitia, etc., 8 p. in-fol.

272 — Le Fermier en colère. — Garçons patinant, 2 p. in-fol., d'ap. *Moreland*. Très-belles ép., marge.

273 **Bartolozzi**. Clytie.—The Triumph of virtue. — The Prosperity of Great Britain. — Vénus, Cupid and Satyr, 5 p. grand in-fol.

274 — Beauty. — Cupidon acheté trop cher. — Love Cares'd et autres, 8 p.

275 — L'Invention. — Le Dessin. — La Composition. — La Couleur, 4 compositions de femmes, ovales in-fol. en bistre. Très-belles ép. Collect. Rousselin.

276 — Sainte Famille. — Jeux d'enfants et autres 4, fac simile d'ap. *Guerchin*. Superbes. Collect. Rousselin,

277 **Basan**. La Femme rusée. — Le Chanteur gothique, 2 p. in-fol.

278 **Baudouin** (D'ap.). Jusque dans la moindre chose. — Sa taille est ravissante, 2 p. grand in-4..

279 — La Sentinelle en défaut, in-fol. Superbe eau-forte pure. Très-rare.

280 — Le Jardinier galant, eau-forte pure, in-fol. Très-belle, très-rare.

281 — La Soirée des Tuileries, in-fol., par *Simonet*. Superbe.

282 — La Toilette, in-fol., par *Ponce*. Très-belle.

283 — La Rencontre dangereuse, par *Le Veau*. Belle ép., marge.

284 — Deux jeunes Filles regardant des tourterelles. — La Fille grondée par sa mère, 2 p., par *Choffard*.

285 — L'Enlèvement nocturne, in-fol. Très-belle ép., papier vélin, marge.

286 — Le Modèle honnête, in-fol., par *Moreau* le jeune et *Simonet*. Belle ép.

287 **Beauvarlet**. Histoire d'Esther et Triomphe de Mardochée, 7 p. grand in-fol., avant toute lettre. Très-belles ép.

288 — Les Chevaliers danois séduits par les nymphes d'Armide. — Télémaque dans l'île de Calypso, 2 p. in-fol. Très-belles ép.

289 — Acis et Galathée. — Jugement de Pâris. — Enlèvement d'Europe — des Sabines, 4 p. grand in-fol.

290 — Lecture espagnole. — Conversation espagnole, 2 p. grand in-fol., d'ap. *Vanloo*. Marge.

291 — Offrande à Vénus. — Offrande à Cérès, 2 p. in-fol., avant toute lettre, d'ap. *Vien*. Magnifiques ép., toute marge.

292 — La Vestale? — Prêtresse de Flore? 2 p. in-fol., d'ap. *Vien*, avant toute lettre. Magnifique ép., toute marge.

293 — La Peinture? avant toute lettre. — La Sultane. — La Confidence. — Offrande à Vénus, 4 p. in-fol.

294 — Jugement de Salomon. — Évanouissement d'Esther. — La double Surprise, etc., 4 p. in-fol.

295 — La Marchande d'amours. — Les Couseuses et autres, 5 p. grand in-fol.

296 **Benard** (D'ap.). La Batteuse de beurre. — Les Plaisirs champêtres. — Marchand de poissons de Dieppe, etc., 5 p.

297 **Bertaux**. Le Charlatan allemand, par *Helman*; Scène de mœurs. Très-belle ép., grande marge, avant la dédicace.

298 **Boilly** (D'ap.). La Jarretière, petit in-fol., par *Tresca*. Superbe ép.. en couleur, marge vierge.

299 — Le Cadeau délicat, par *Tresca*, in-fol., en couleur.

300 — La Jardinière, par *Tresca*, petit in-fol. Très-belle ép., grande marge.

301 — L'Amant poète. — L'Amant musicien, 2 p. in-fol., par *Levilly*. Très-belles ép., marge vierge.

302 — L'Amant poète. Petite marge. — Ah ! comme il y viendra, in-fol., par *Clavareau*. Superbe ép., marge vierge.

303 — La Dispute de la rose. — La Rose prise, 2 p. grand in-fol., par *Eymar* et *Cazenave*. Superbes ép., avant la lettre, marge.

304 — La Serinette, grand in-fol., par *Honoré*. Superbe ép., avant la lettre.

305 — La douce Résistance. — On la tire aujourd'hui, 2 p. grand in-fol., par *Tresca*.

306 — Prélude de Nina, par *Chaponnier*. — La douce Impression de l'harmonie, par *Wolff*, 2 p. grand in-fol. Très-belles.

307 — Que n'y est-il encore, grand in-fol., par *Petit*, avant et avec la lettre.

308 — Honni soit qui mal y pense. — L'Évanouissement. — Il dort et autre, 4 p. grand in-fol.

309 — L'Amant favorisé. — La Comparaison des petits pieds, 2 p. grand in-fol., par *Chaponnier*. Très-belles ép.

310 — Avant la toilette. — Conseils maternels. — La douce Résistance. — On la tire aujourd'hui, 4 p. grand in-fol.

311 — Prends ce biscuit. — Nous étions deux, Nous voilà trois, 2 p. grand in-fol., par *Vidal*. Belles ép.

312 — Qu'elle est gentille, grand in-fol., avant toute lettre. Toute marge, très-belle.

313 — Première Scène de voleur, in-fol., avant toute lettre.

314 — Le Portrait, grand in-fol., par *Chaponnier*. Belle ép.

315 — Défends-moi. — Tu sauras ma pensée. — La Leçon d'union conjugale, 3 p. grand in-fol.

316 — Poussez ferme. — Ah! qu'il est sot. — On nous voit, 3 p. grand in-fol, par *Petit*.

317 **Boizot**, 1780. Le Déjeuner de la Hollandaise, in-fol., d'ap. *Metzu*.

318 **Bonnet**. Le Déjeuner, jeune Dame regardant une saucisse avec une lorgnette, gravé en couleur, petit in-fol.

319 — L'Amant écouté. — L'éventail cassé, 2 jolies compositions en couleur, petit in-fol. Sans marge, montées en dessin.

320 **Borel**, *invenit et fecit*. La Bienfaisance, allégorie en avant de la porte de l'hospice de la Charité, in-fol., manière noire. Très-belle ép., marge, rare. Collect. Rousselin.

321 **Borel** (D'ap.). La Circassienne à l'encan. — Le Bain interrompu, 2 p. in-fol., en couleur. Marge.

322 — par *Anselin*. Vous avez la clef, mais il a trouvé la serrure. — La faute est faite, permettez qu'il la répare, 2 jolies pièces.

323 — *De Launay*. J'y passerai. — *Dequevauvillers*. L'Indiscret. 2 belles ép.

324 — *Hemery*. Il était temps, gracieuse composition. Très-belle ép., rare, in-fol., grande marge.

325 **Bouchardon** (D'ap.). L'Amour s'envolant des bras de Vénus. — Vénus châtiant l'Amour, 2 p. petit in-fol., par *Fessard.* Superbes ép., grandes marges.

326 **Boucher.** Croquis à l'eau-forte 4. — La Caravane et autres, par *Huquier,* 7 p.

327 — Livre des Arts, Groupes d'Enfants et d'Amours, l'Eau, le Feu, etc., 10 p.

328 — Le petit Souffleur, la Terre, le Feu, Groupes d'Amours, par *Daullé* et autres, 4 p.

329 — La Bergère attentive. — La Rêveuse, 2 p. petit in-fol. Superbes.

330 — La Confidence, par *Miger.* Belle ép. avant toute lettre, toute marge. — La même avec la lettre, 2 p.

331 — Le Départ et l'Arrivée du Courrier, par *Beauvarlet,* 2 p. in-fol.

332 **Boucher** (D'ap.). Les Savoyards. — Femme nue couchée, etc., 5 p. Sanguine.

333 — Vénus et les Amours, par *Gaillard,* in-fol.

334 — Le Panier mystérieux, par *Gaillard,* in-fol. Très-belle ép.

335 — Les deux Confidentes. — Le Berger récompensé. — L'agréable Leçon et autres, par *Gaillard,* etc., 5 p. Belles ép. piquées de vers dans les marges.

336 — Pensent-ils au raisin, par *Le Bas.* — Les Présents du Berger, par *Lempereur,* 2 p. grand in-fol. Très-belles.

337 — Naissance d'Adonis, in-fol., par *Scotin*. — Enlèvement d'Europe, grand in-fol., par *Duflos*, 2 p.

338 — Pensent-ils à ce mouton. — Les Amants surpris. — La Pêche et autres, 6 p.

339 — Les Sabots. — Le Messager discret. — Le Gouter de l'automne et autres, 7 p. in-fol., papier vélin.

340 — Le fleuve Scamandre, Conte de La Fontaine, in-fol., par *De Larmessin*. Très-belle.

341 **Bouillard.** Daphne et Apollo, d'ap. *Vanloo*, lettre grise. — Borée et Orythie, d'ap. *Vincent*, 2 p. grand in-fol. Très-belles ép., marges vierges.

342 **Boulogne** (D'ap.). Les Éléments, 4 p. grand in-fol.

343 **Campion.** Le Matin, le Midi, le Soir, la Nuit, 4 paysages en hauteur, petit in-fol. Superbes. Collect. Rousselin.

344 **Canot.** Marines, d'ap. *W. Van de Velde*, 4 p. petit in-fol. Superbes ép. Collect. Rousselin.

345 **Careme** (D'ap.). Les Curieux. — Le Bain troublé. — La Joyeuse Orgie. — Scènes de la Vie d'Henri IV, in-fol., 5 p.

346 **Caricatures.** Les Vapeurs. — Le bon Médecin. — A. Macarony. — The Hireling-Constable. — Sur les hautes Coiffures, 5 p. in-fol.

347 **Carmontelle** (D'ap.). Vue du Château ruiné. — du Moulin à eau. — Entrée du jardin, 3 p. in-fol. (Château de Monceau).

348 **Challe.** Diane sortant de l'eau, eau-forte originale, ovale in-4, 1744.

349 **Challe** (D'ap.). Le Repos interrompu. — Le Souvenir agréable, 2 sujets gracieux, par *Vidal,* petit in-fol. Ovales équarris, coloriés. Marges.

350 — Chaire de la paroisse de Saint-Roch, grand in-fol., par *Fessard.* Rare.

351 — Jupiter et Léda, in-fol., par *Tilliard.*

352 — Finissez ! par *G. Marchand,* ovale équarri, in-fol.

353 — Même composition, carré in-fol., avant toute lettre.

354 — La Soubrette officieuse, grand in-fol., par *Chaponnier.*

355 **Chantreau** (D'ap.). Distribution de fourrage au sec. — Rue d'un camp, 2 p., par *Le Bas.* Superbes. Collect. Rousselin.

356 **Chaponnier.** Apollon et les Muses, Bustes dans des ronds, avec ornements autour, 10 p. in-4.

357 **Chardin** (D'ap.). Le Dessinateur, vu de dos, sans marge, par *Gautier,* imprimé en bleu.

358 — La jeune Fille au volant, par *Lepicié.*

359 — La Mère laborieuse, par *Lepicié,* 1740. Très-belle.

360 **Chevillet.** Réprimande maternelle, d'ap. *Peters,* grand in-fol.

361 **Cochin.** Pompes funèbres de Polixène, en 1735; — d'Élisabeth de Lorraine, en 1741, reines de Sardaigne. 2 p. très-grand in-fol.; et de Marie-Thérèse. En tout 3 p.

362 — Mariage du Dauphin, en 1745. — Bal paré au Manége. — Bal masqué. — Illuminations du château de Versailles. 4 p. très-grand in-fol.

363 **Copia.** Sapho inspirée par l'Amour. — Vanda, Pauline et Emma, filles de Potocki, jouant avec un chat. — Enfants jouant avec des oiseaux, avant la lettre. 3 p. in-fol.

364 **Coypel.** Judith. — Démocrite. — Abraham prêt à sacrifier son fils. — Suzanne. 5 p. par et d'après.

365 — L'Amour, maître d'école. — La Folie pare la décrépitude des ajustements de la jeunesse. 2 p. in-fol.

366 — Don Quichotte, 2. — Triomphe de Galathée. — L'Hymen de Bacchus et d'Ariane. — Persée délivre Andromède, etc.

367 **Cunego.** Judith. — Le Christ mort. — Hebe. 3 p. in-fol. Très-belles.

368 **Daudet**, 1772. Chasse au cerf, d'après *Wouvermans.* — Paysage, d'après *Breemberg.* 2 p. petit in-fol. avant la lettre. Collection *Rousselin.*

369 **Debucourt**, 1786. Le Menuet de la mariée. Petit in-fol. en couleur. Jolie pièce.

370 — Militaires écossais. — Militaires de la garde russe et allemande. 2 p. d'ap. *C. Vernet*, en couleur. Superbes ép., marge vierge.

371 — Promenade au bois de Vincennes. — Route de Naples. — Les Aveugles. 3 p.

372 — Séparation pendant une nuit d'hiver. — La Duchesse d'Angoulême et l'Aveugle de Sichon. — La Flambée du cochon (Effet de neige), etc. 4 p. en couleur.

373 — Officier anglais se rendant à une partie de plaisir. — La Partie de plaisir. — La Toilette d'un clerc de procureur. 3 p. d'ap. *C. Vernet.*

374 — Étude d'ap. Rembrandt. — Instruction villageoise et autre. 3 p.

375 — Le Soldat français. — La Vivandière. 2 p. très-grand in-fol., manière noire.

376 **DelaLonde.** IV$^e$ Cahier de meubles, 4. — VI$^e$ Cahier de meubles, 4. — XIV$^e$ Cahier, ornements d'architecture, 4. — XVI$^e$ Cahier, ornements, 4. — XVII$^e$ Cahier, décorations, 4. — XXV$^e$ Cahier, 4. En tout 24 p.

377 **De Launay** (N.). La Partie de plaisir, d'après *Weenix.* Très-grand in-fol. Très-belle ép.

378 — Reconnaissance de Fonrose. — Le Mariage rompu. — L'Acte d'humanité. 3 p. in-fol.

379 — Les Vierges sages et folles. In-fol. d'après *Schalcken.* Belle ép.

380 — Olivier Cromwel dissolvant le long Parlement, et autres. 3 p. in-fol.

381 **De Longueil.** Scène flamande, d'ap. *Ostade,* avant la lettre, in-4, marge, superbe. — Correction maternelle, in-fol. 2 p.

382 **Demarteau.** Amour. — Enfant mangeant du raisin. 2 p. grand in-4, d'ap. *Boucher.* Très-belles.

383 **Demonchy.** Le Repas agréable. — La Bergère couronnée. — L'Heureux Tête-à-Tête. 3 p. in-4. 2.50

384 **Dennel.** Pygmalion amoureux de sa statue, d'ap. Lagrenée. — Récréation espagnole. 2 p. grand in-fol. 5.50

385 **Descamps,** de Rouen (D'ap.). Carenne d'un navire dans le bassin du Havre en présence du Roy, 1749. Grand in-fol. par *Le Bas*. 17

386 **Descourtis.** Noce de village. Petit in-fol. d'ap. *Taunay*, en couleur. 75

387 **Desnoyers** *direxit*, an 7. La Fille surprise. — La Mère trompée. 2 p. in-fol. avant toute lettre. Très-belles. 10

388 — Les mêmes, avec la lettre. Belles ép. 2 p. 7

389 **Desplaces.** Achille et Deidamie. — Psiché et l'Amour. — Hercule et Omphale. — Zéphire et Flore. 4 p. in-fol. 1

390 **Earlom.** Les Chanteurs. — Les Fumeurs. 2 p. d'ap. Hemskerke. Manière noire, in-fol. avant la lettre. Superbes ép. Coll. Rousselin. 11

391 — Alope. — Énée sauvant son père, Anchise. 2 p. in-fol. Très-belles. Collection Rousselin. 1.50

392 **École anglaise,** par Green. The cave of Despair. — Antiochus et Stratonice, et par autres, 4. Manière noire, grand in-fol. 6

393 — M. Foote et M. Weston. — A young Lady encouraging the low comedian. — De Haring-Vrouw et autres, 4. Manière noire, grand in-fol. 40

394 — The Captive. — Jupiter and Semele. — The Battle of the Boyne et autres. 5 p. in-fol.

395 — Paysages, Vues, Monuments, par *Masson*, Vivares et autres. 23 p. in-fol.

396 — d'ap. Kauffman, Reynolds, Stothard. 5 p. in-fol., dont 3 en bistre.

397 — Douvres. — Margate. — Isle de Wight. 3 p. en couleur grand in-fol. et Marine et Combat naval, 2, en noir 5 p.

398 — Sujets divers, Costumes et Vignettes. 24 p.

399 **Eisen** (D'ap.). La Dame de charité, in-fol. par *Voyez* l'aîné, 1778. Superbe ép., toute marge.

400 — La Vertu sous la garde de la Fidélité. — Les Désirs satisfaits. 2 p. in-fol.

401 — Le Mouton favori. — Henri IV et Gabrielle. 2 p. in-fol. Très-belles.

402 — Le Jour du Mariage. — La Sultane reconnaissante. — Amusements de la jeunesse, etc. 5 p. in-fol.

403 **Fay**. Pendules ornées de figures et Trophée de *Hanson*. 6 p.

404 **Fragonard** (Honoré), 1778. L'Armoire, grande et belle eau-forte originale, pièce capitale du maître, grand in-fol. Très-belle ép., marge.

405 **Fragonard** (D'après). Le premier Pas de l'enfance, dédié aux bonnes mères. — L'Enfant chéri, dédié aux tendres mères. 2 p. très-grand in-fol.

406 — L'Heureuse fécondité, in-fol. par *De Launay*. Très-belle ép., marge. Collection Rousselin.

407 — Les Baisers. 2 p. petit in-fol. par *Marchand*. Belles ép., sans marge.

408 — La Coquette fixée. In-fol. par *Couché*. Très-belle.

409 — L'Éducation fait tout. — Les Baignets. 2 p. in-fol. par *De Launay*.

410 — Le Verre d'eau, par *Ponce*. Sujet gracieux. Très-belle ép., marge entière.

411 — L'Inspiration favorable, in-fol. par *Halbou*.

412 — Consolation de l'Absence? Femme regardant un portrait et tenant une lettre, très-grand in-fol. par *Ruotte*, avant la lettre.

413 — Le Verrou, in-fol. par *Blot*, très-belle.

414 — Le Baiser à la dérobée, in-fol. par *Regnault*, très-belle.

415 — Le Verrou — Le Contrat. 2 p. in-fol.

416 — La bonne Mère, grand in-fol. par *De Launay*, très-belle ép. avec les armes et la dédicace à M. Menage de Pressigny, A. P. D. R. etc.

417 — La bonne Mère, les armes et le titre changé, très-belle ép., grand in-fol.

418 — Le Serment d'Amour — La bonne Mère avec les armes. 2 p. grand in-fol. sans marge.

419 — Sacrifice de la rose, grand in-fol. par *Gerard*.

420 — Contes de La Fontaine, in-4, belles ép. 19 p.

421 **Freudeberg** (D'ap.). Les Époux curieux — L'Horoscope accompli. 2 p. petit in-fol, par *Ponce*.

422 — La Complaisance maternelle, in-fol. par *N. De Launay*, très-belle ép.

423 — La Félicité villageoise, ovale équarri in-fol. en travers par *Delignon*, très-belle ép.

424 — Le petit Jour par *De Launay*, sans marge, petit in-fol.

425 — Lison dormait par *Trière*, très-belle ép. in-fol. marge.

426 — Le Lever, par *Romanet*, 1774, in-fol., très-belle ép. avant le n°

427 — Le Boudoir, par *Maleuvre*, in-fol., très-belle ép. avant le n°

428 — La Soirée d'Hiver, par *Ingouf junior*, 1774, très-belle ép. avant le n°

429 **Garnier** (D'ap.). Passage du Ruisseau, in-fol. par *Petit*. avant la lettre, marge.

430 **Gerard** (D'ap. Mlle). Lecture de la Traduction de l'art d'aimer ? avant la lettre — Je m'occupais de vous. 2 p. très-grand in-fol.

431 — Le premier pas de l'Enfance — L'enfant chéri. 2 p. très-grand in-fol.

432 **Girardet** (D'ap.). Scènes du commencement de la Révolution. 6 p., magnifiques ép. avant la lettre, marge vierge.

433 **Godefroy**, d'ap. *Casanova* et *Lantara*, 4 paysages petit in-fol., collect. Rousselin.

434 **Greuze** (D'ap.). Le Donneur de sérénade. in-fol. par *Moitte*, magnifique ép. de la collect. de M. R., vente du 2 au 7 décembre 1878, très-grande marge.

435 — La mauvaise Mère, avant toute lettre — La Mère bien aimée. 2 p. très-grand in-fol.

436 — La Veuve et son Curé — L'Hermite. 2 p. très-grand in-fol.

437 — L'Accordée de Village — Le Gâteau des Rois. 2 p. très-grand in-fol. signées au revers.

438 — Le Paralytique servi par ses enfants — Le Testament déchiré. 2 p. très-grand in-fol.

439 — Le Fils puni — La Malédiction paternelle. 2 p. très-grand in-fol. par *Gaillard*, signées au revers.

440 — Le Paralytique servi — La Mère bien-aimée. 2 p. très-grand in-fol.

441 — La Malédiction paternelle — Le Fils puni. 2 p. très-grand in-fol. signées au revers.

442 — Jeune fille pleurant son oiseau mort — La Lecture de la Bible — Le Paralytique, réduction. 3 p. in-fol.

443 — La Fille confuse, par *Ingouf*, eau-forte pure. in-fol.

444 — La même avec la lettre, très-belle ép. marge.

445 — La Cruche cassée, in-fol., ancienne ép. doublée. — L'Offrande à l'Amour, in-fol. par *Macret* avant la lettre. 2 p.

446 — Calisto — Diane. 2 p. coloriées, Bacchante, etc. 5 p.

447 **Guyot**. Adam et Ève, in-fol. en couleur d'ap. *Bounieu*, très-belle ép.

448 — Serment civique de saint Etienne-du-Mont, grand in-4 en couleur, superbe.

449 — Jardin Elysée, Temple de Mars, Vues d'Angleterre et de Rome en couleur. 13 p. superbes.

450 — Vues des environs de Rome, ovales d'ap. *Pernet*, et autres d'ap. *Robert*. 4 p. in-fol. en couleur très-belles.

451 **Hackert** (D'ap.). Vue du port de Reggio — Vue des Ruines du pont d'Auguste. 2 p. très-grand in-fol.

452 — Vues dans le port de Dieppe — Saint-Valéry-sur-Somme. 2 p. in-fol.

453 **Hemery**. Création d'Ève — Le Repos du Plaisir. 2 p. in-fol.

454 **Hogarth** (D'ap.). Scènes de la vie d'un jeune homme. 4 p. in-fol.

455 **Hubert**. Honni soit qui mal y pense, in-fol.

456 **Huet** (J.-B.). Animaux, Bergères, Paysages, etc., à l'eau-forte. 14 p. in-fol.

457 — (D'ap.). La Peinture, la Sculpture, la Musique, le petit Sabot, le Coq secouru et autres. 8 p. in-4 en couleur.

458 — Bergère en couleur par *Demarteau* (569) — La Fidélité couronne l'Amour — L'Amour dévoile les yeux, etc., coloriées. 3 p. in-4.

459 **Ingouf**. Les Canadiens au tombeau de leurs enfants, d'après *Le Barbier*, in-fol.

460 **Jeaurat** 1728. Entrevue de Louis XIV et de Philippe IV, roi d'Espagne, dans l'île des Faisans, in-fol. d'ap. *Le Brun*, superbe ép. marge vierge.

461 — La Place Maubert, in-fol., très-belle ép.

462 — Le roi Salomon — Enlèvement d'Europe — Télémaque dans l'île de Calypso — Thétis plongeant Achille dans le Styx. 4 p. in-fol. très-belles.

463 **Jonxix** 1783. Vénus et l'Amour, d'ap. *Giordano*, in-fol.

464 **La Fosse** (D'après.). Plafond, saint Louis présente son épée à Jésus-Christ, rond in-fol. Superbe ép. marge.

465 **Lagrenée** (D'ap.). Premier âge de l'Amour — Education de l'Amour — Punition de l'Amour, 4 p. petit in-fol. par *Bouillard*, superbes ép. grande marge.

466 **Lancret** (D'ap.). Le Théâtre Italien, petit in-fol. par *Schmidt*, très-belle ép. marge.

467 — La belle Grecque — Le Théâtre Italien. 2 p. petit in-fol. par *Schmidt*.

468 — Les Saisons en hauteur, l'hiver est sans marge et copie étrangère. 4 p.

469 — Les Eléments en hauteur. 4 p. in-fol.

470 — Le Jeu des Quatre-coins — Le jeu de Pied-de-bœuf. 2 p. in-fol.

471 — Les quatre Heures du jour. 4 p. in-fol.

472 — Les quatre Ages de l'Homme. 4 p. grand in-fol.

473 — Partie de plaisirs (c'est la société des bonnets de coton), in-fol. par *Moitte*.

474 — Le Philosophe marié, in-fol. par *Dupuis*.

475 — Le Maître galant, in-fol. par *Le Bas*.

476 — Repas italien, grand in-fol. par *Le Bas* pièce capitale du maître, très-belle.

477 — L'Occasion fortunée — La Musique champêtre — Quoi n'avoir pour vous trois, etc. 4 p.

478 — L'Amusement du petit maître — Conversation galante et autres. 4 p. in-fol.

479 — Cache-cache mitoulas. — Fêtes vénitiennes et autres. 6 p. in-fol.

480 — **Contes de La Fontaine**, in-fol. Le Faucon par *De Larmessin*, très-belle ép. marge.

481 — Nicaise — Les Troqueurs. 2 p. par *De Larmessin*, belles ép. marge.

482 — A Femme avare — Les Troqueurs. 2 p. par *De Larmessin.*

483 — On ne s'avise jamais de tout — Pâté d'anguille — Le Gascon puni — Le petit Chien, etc. 5 p.

484 — Le fleuve Scamandre d'ap. *Boucher*, par *De Larmessin*, superbe.

485 — La Courtisane amoureuse — Le Magnifique. 2 p. d'ap. *Boucher* par *De Larmessin.*

486 — Le Cuvier, d'ap. *Le Mesle* par *Filleul*, très-belle.

487 — Le Bast, d'ap. *Vleughels* par *De Larmessin*, superbe ép. rare.

488 — Le Villageois qui cherche son veau — Frère Luce. 2 p. par *De Larmessin.* — La Jument du compère Pierre par *Jauvelle*. 3 p. d'après *Vleughels.*

489 **Langlois** (P.-G.) La Ménagère Nort-Hollandaise, d'ap. *Wantol*, in-fol. — La Cause badine, d'ap. *Scalcken*. 2 p., superbes ép. marge.

490 **Layrince** (D'ap.). La Marchande à la toilette, in-fol. par *Vidal*, très-belle ép.

491 — L'Accident imprévu, in-fol. par *Darcis*, très-belle ép.

492 — Qu'en dit l'Abbé — Le Billet doux. 2 p. par *De Launay*, belles ép., charmantes compositions, costumes et intérieurs très-riches.

493 — Le Lever des ouvrières en modes, in-fol. par *Dequevauvillers*.

494 — Le Concert agréable, in-fol. par *Varin*.

495 — La Balançoire mystérieuse et autre. 2 p. in-fol.

496 — Ah ! qu'elle est heureuse, par *de Brea*, grand in-fol. lettre grise.

497 **Le Bas.** Le Taureau, d'ap. *P. Potter*; Les plaisirs du Seigneur et du paysan, d'ap. *Miel*, et autres. 9 p., collect. Rousselin.

498 — Vues de Bruges, attaque de troupes légères. 4 p., très-belles ép. in-fol. collect. Rousselin.

499 — Yues d'Athènes, 1er état, eaux-fortes pures. 19 p., très-belles ép., collect. Rousselin.

500 — Le Faucon, conte de La Fontaine, d'après *Subleyras* — Les trois Moulins — Route de Sienne et autres. 5 p.

501 **Le Clerc** (D'ap.). Histoire de l'enfant prodigue. 5 p. in-fol.

502 **Le Febvre.** Quel est le plus heureux. In-fol.

503 **Le Moyne** (D'ap.). Mortel, fuyez loin de ces lieux. In-fol. par *Cars*, belle ép. Marge.

504 — Adam et Ève. — Iris entrant au bain. — Andromède. — Hercule et Omphale. 4 p. in-fol. — Hercule tuant Cacus. Grand in-fol. 5 p.

505 **Le Prince** Suite de divers habillements des peuples du Nord, costumes de femmes, petits costumes, scènes d'intérieurs. 22 p. Très-belles. Collect. Rousselin,

506 — Le coche d'eau et autre. 3 p. dont 2 avant la lettre, en bistre. Superbes.

507 — Le Cabaret ambulant, Calmouk, la Basse-Cour, la Musicienne, la Rose choisie etc. 11 p. noir, bistre et couleur. Très-belles.

508 — (D'ap.). Le Bonheur du ménage. Petit in-fol., par *De Launay*.

509 — La Crainte. Grand in-fol., par *Le Mire* avant la dédicace.

510 — La lettre envoyée. — La Lettre rendue. 2 p. in-fol., par *De Launay*.

511 — Le Concert Russien. — La Diseuse de bonne aventure Russienne. 2 p. in-fol., par *Gaillard*.

512 — Le Berceau russe. — La Précaution inutile. 2 p. grand in-fol. Belles ép.

513 — Récréation champêtre. — Marchand de lunettes. — Le Médecin claire voyant. — Le Moineau retrouvé. 4 p. in-fol.

514 **Levachez** d'ap. *Carle Vernet*. Le Galop de chasse et autres chevaux. In-fol. 6 p.

515 **Le Vasseur.** Quos Ego, Enlèvement d'Europe et autres. 5 p. Très-grand in-fol, imp. sur chine.

516 — La petite Marchande de carpes. — La Chaufferette. 2 p. in-fol. Très-belles.

517 — Tancrède et Herminie. — Tarquin et Lucrèce. — Triomphe de Galathée. — La Continence de Scipion. — Adieux d'Hector et d'Andromaque. 5 p. grand in-fol.

518 **Levilly.** Garçons baignants. — Garçons dérobant un verger. 2 p. in-fol. Très-belles.

519 **Loutherbourg** (D'ap.). Le Matin. Occupations rurales, d'ap. lui. 9 p. Collect. Rousselin.

520 — L'Amant curieux. — L'Agneau chéri. 2 p. in-fol par *Le Veau.*

521 — Le Four à chaux, scènes champêtres. 4 p. in-fol.

522 **Louvet.** L'amusement de l'enfance, d'ap. *Moles.* In-fol. Belle ép.

523 **Malbeste.** Chasse royale, d'ap. *V. de Velde.* Très-grand in-fol.

524 **Maleuvre.** Corps de garde Hollandais, avant la dédicace, grand in-fol., d'ap. *Schalcken.*

525 **Mallet** (D'ap.). Julie ou le premier baiser de l'amour, in-fol. par *Copia.* Très-belle ép. Toute marge.

526 **Martini.** La Sainte famille, d'ap. *Rembrandt.* — Le Ménage hollandais, d'ap. *Ostade.* 2 p. Collect. Rousselin.

527 **Martini** et **Le Bas.** 1re et 2me vues de l'ile Barbe à Lyon. 2 p. très-grand in-fol. Belles ép,

528 **Massard** (Louise). Marie-Thérèse confiant sa fille Marie-Antoinette à la France. — Henri IV apparaissant à Louis XVI. 2 p. petit in-fol. Superbes ép. avant la lettre, toute marge, avec les armoiries du duc d'Orléans.

529 **Mathieu.** Vue d'une partie du lac de Trasimène, d'ap. *Guaspre.* Grand in-fol. et autres petit in-fol. 3 p. Très-belles.

530 **Médailles** du règne de Louis XV, dans des entourages ornés. 34 p. in-4. Toute marge.

531 **Miger.** Junon empruntant la ceinture de Vénus, d'ap. *Regnaud.* Belle ép. avant la dédicace.

532 **Monnet** (D'ap.). Les Présents de l'Automne. — Les Soirés d'hiver. 2 p. in-fol. Très-belles ép. Marge.

533 **Moreau** le jeune (d'après). Monument du costume physique et moral de la fin du XVIII^e siècle ou Tableaux de la vie. A Neuwied sur le Rhin 1789.—26 planches in-fol superbes ép. Marge vierge et 20 f^lles de texte.

534 — Institution de l'ordre de la Toison d'or. — Mort du Seigneur de Molac. — Titre de l'histoire des religions. 3 p.

535 — Pièces du costume Physique et Moral, la grande toilette. — Les Adieux. — La Rencontre au bois de Boulogne. 3 p.

536 — J'en accepte l'heureux présage. — Le vrai Bonheur. — Le Seigneur chez son fermier. 3 p.

537 — Le Bal masqué 1782. — Les Amours d'un héros chéri. 2 p. in-fol.

538 **Morèland** (D'ap.). Mutual confidence or the sentimental friends, manière noire grand in-fol. par *Bell.* Très-belle ép. Marge.

539 **Nattier** (D'ap.). Vénus présente Énée aux Dieux. — Vénus et l'Amour. — D'ap. *Natoire*. Tableaux du côté droit de l'autel et autres. En tout 6 p.

540 **Née** et **Masquelier**. Les Vœux du peuples confirmés par la religion? in fol. d'ap. *St Quentin*. Très-belle ép. avant la lettre. Grande marge.

541 **Ornements**. Plafonds richement ornés de figures et animaux. 4 p.

542 — Deneuforge, Delafosse, Meissonnier, escalier monumental avec fontaines et autres 12 p.

543 — Titres d'ouvrages divers. 18 p. Très-belles.

544 **Oudry** (D'ap.). Fables de La Fontaine, chasse au loup, pièces du roman comique, La chienne braque. 7 p.

545 **Palmerius**. L'occupation champêtre Grand in-fol. en bistre, très-belle ép. Marge.

546 **Papavoine** (Mlle). Nécessité n'a point de loi. In-fol. belle ép. Marge.

547 **Parrocel** (D'ap.). Halte des gardes suisses. — L'après dînée. — Et Cavalier à la sanguine. 4 p.

548 **Pater** (D'ap.). Le Glouton, Conte de La Fontaine. In-fol., par *Fillœul*. Très-belle ép. Marge.

549 — La Courtisane amoureuse. — Le Savetier. — Le Baiser rendu. 3 p., par *Fillœul*. — Le cocu battu, par *Probst*. 4 p. in-fol.

550 — La pintresse. — La Feste italienne. — Le Désir de plaire, etc. 4 p. in-fol.

551 — L'Orchestre de Village. — Marche comique. 2 p. in fol. par *Ravenet*.

552 — Sujets de Ragotin. 3 p. dont une avant la lettre.

553 — Le Concert amoureux. — La Danse. 2 p. in-fol. par *Fillœul.*

554 **Picart** (Bernard). La Fortune des actions, Allégorie sur le système de Law, in-fol. Très-belle ép. Collect. Rousselin.

555 — Allégories, La Vérité recherchée par les Philosophes, Le Calvaire, le Temps enlevant la Vérité. 4 p. Collect. Rousselin.

556 — Petits costumes 25 et vignettes, en tout 28 p. Très-belles. Collect. Rousselin.

557 — Le Concert dans un parc, grand in-fol. Très-belle ép. Collect. Rousselin.

558 — La République de Hollande sur son trône. In-fol. Très-belle ép.

559 **Pièces historiques.** Mort de D'Assas, de Coligny, de Turenne, Louis XVI distribuant des bienfaits, Consalvi recevant la bulle du Pape Pie VII, et autres. 8 p. très-grand in-fol.

560 — Henri IV et Sully après la Bataille d'Ivry, Procession de la Ligue, Levée de la Fierte etc. 7 p. in-fol.

561 — Vue perspective de l'école militaire. — Lancement du Vaisseau le Duc de Bourgogne, à Brest 1751. 2 p. grand in-fol.

562 — Tableaux des Français, d'ap. Borel, Marillier et autres, in-fol. 6 p.

563 — **Audouin** grenadier volontaire. Allégorie à la gloire de la Nation Française, entouré de la liste des Députés de la Révolution 1789. Grand in-fol. Rare.

564 — Plaies de l'Égypte ou état de la France depuis 1789 jusqu'à 1815, eau-forte curieuse, très-rare. Collée.

565 — Convoi de très-haut Seigneur des Abus. — Ouverture des états généraux 1789. 2 p. in-fol. en bistre. Superbes.

566 — Ouverture des états généraux et pendant. 2 p. in-fol d'ap. *Monnet.* Superbes ép. avant toute lettre.

567 — Prise de la Bastille. — Sa démolition. 2 p. petit in-fol. Superbes.

568 — Frontispice du compte rendu, Calendrier national, Les Motionnaires au café du Caveau, Prise des Tuillerie, etc. 7 p.

569 — Naissance du duc de Bordeaux, grand in-fol. avant toute lettre. Très-belle ép.

570 — Érection de l'obélisque de Louqsor 2 — Envahissement de la Chambre des députés — et autres 6 p.

571 **Pierre** (D'ap.). Les serments du Berger, grand in-fol., par *Lempereur*. Très-belle.

572 — Leda — Le Savoyard. — Les Bacchantes endormies et autre. 4 p. in-fol.

573 **Pillement** (D'ap.). Chasse au Sanglier. — Retour de la pêche. 2 p. Très-grand in-fol. coloriées.

574 — L'abreuvoir des ruines. — Les plaisirs de l'hiver. — Les voyageurs en marche. — Petites marines Anglaises et autres. 10 p. in-fol.

575 — La Grange. — La Laiterie. 2 p. grand in-fol. Superbes ép. Marge.

576 **Porporati.** La mort d'Abel, grand in-fol. Marge.

577 — La mort d'Abel. — Agar renvoyée. 2 p. in-fol.

578 — Garde à vous, d'ap. *A. Kauffman*, in-fol.

579 — Clorinde et Tancrède. Erminie et le Berger. 2 p. in-fol., d'ap. *Vanloo*.

580 **Prudhon** (D'ap.). Cérès changeant Stellio en lézard, in-fol., avant la lettre. Marge.

581 — La Raison parle, le Plaisir entraîne, et pendant, 2 p. in-4, par *Roger*.

582 — Le Cruel rit des pleurs qu'il fait verser. — L'Amour réduit à la raison, 2 p. in-fol.

583 — L'Amour réduit à la raison et autre, 2 p. in-fol, avant la lettre.

583 *bis* — Le Zéphir, grand in-fol., par *Laugier*. Toute marge.

584 **Queverdo** (D'ap.). Le Lever et le Coucher de la Mariée, 2 p. in-fol.

585 — Les Amours du Boccage. — Les Baigneuses champêtres, 2 p. in-fol., par *Dambrun*, avec entourage orné de fleurs.

586 — Les Saisons, 4 p. petit in-fol., par *Frussotte*, piquées de vers.

587 **Radigues** (Chez). Fainte de Basil pour épouser Quitterie, de la suite de Don Quichotte, in-fol. Rare.

588 **Ranson** (D'ap.). Œuvres contenant un recueil de Trophées, Attributs, Cartouches, Vases, Fleurs, Ornements et plusieurs Dessins agréables pour broder des fauteuils, 1778. Titre et 1^re suite de différents Attributs, Trophées et Groupes de fleurs, 7 p.

— 2e suite de différents Attributs, Trophées et Groupes de fleurs, 6 p.

— 3e cahier de Trophées militaires, 6 p.

— 4e cahier, Groupes de fleurs et attributs pastorales, 6 p.

— 5e cahier, Vases et Corbeilles de fleurs, à 4, 5 et 6 motifs à la feuille, 6 p.

— 6e suite de Trophées de chasse, 6 p.

— 7e cahier de Trophées de musique, 6 p.

— 8e cahier, Attributs de pêche et autres, 6 p.

— 9e cahier (grands cadres), richement ornés de fleurs, 6 p.

— 10e cahier de Fleurs et Vases, à 1, 2 et 4 à la feuille, 6 p.

— 11e cahier de Fleurs et Trophées, 6 p.

— 12e cahier (Attributs religieux), 6 p.

— 13e cahier, Fleurs détachées, 6 p.

— 14e cahier de Trophées (cadres et miniatures), ovales et ronds, richement ornés à 4 à la feuille, 6 p.

— 15e cahier de Trophées (petits cadres et miniatures), ovales et ronds, richement ornés à 6 à la feuille, 6 p.

— 16e cahier de l'Œuvre (cadres ovales et ronds), à 2 à la feuille, ornés d'attributs et de fleurs, 6 p.

— 17e cahier de Cartels et Trophées (cadres carrés), très-richement ornés de fleurs à 2 à la feuille, 6 p.

— 18e cahier de Cartels et Trophées (cadres carrés), richement ornés de fleurs, 6 p.

— 19e cahier de Cartouches et ornements (dossiers et siéges de fauteuils), charmantes compositions de fleurs, 6 p.

— 20e cahier d'Attributs et Trophées (dossiers et siéges de fauteuils), compositions de fleurs et attributs pastoraux, 6 p.

Cet œuvre de 120 planches est d'une belle conservation, grande marge, collection très-rare à trouver réunie en aussi belle condition.

11 589 **Ransonnette**, 1790. Henri IV ramené au Louvre après le coup funeste qu'il reçut rue de la Féronnerie. Grande et belle composition. 18

3 590 **Raoux** (D'ap.). Angélique et Médor, in-fol., par *N. De Launcy*. Belle ép., grande marge. 5

2 591 — Le Rendez-vous agréable, in-fol. Très-belle ép., par *Beauvarlet?*

14 592 — Offrande à Priape, avant et avec la lettre, 2 p. in-fol., par *Beauvarlet*. Demory 13

1 593 — L'Enfance. — La Vieillesse et autre, 3 p.

43 594 **Regnault**. Matin, Soir, La Nuit, 3 p. in-fol.

6 595 **Ridinger**. Les Saisons, Scènes de Chiens, 4 p. grand in-fol. Très-belles ép., marge.

1.50 596 **Robert** (D'ap.). La Cuisinière. — La Dévideuse italienne. — L'Écurie de Jules, 3 p. petit in-fol.

V. 10 597 **Saint-Non**. Antiquités tirées de son voyage en Italie, 16 p. Bavard

Vig 11 598 **Schall** (D'ap.). Le premier Mouvement de la nature, lettre grise. — L'Élysée. — Le premier Baiser de l'amour, 3 p. in-fol., par *Le Grand*. Très-belles ép., marge. S' Genies 33

590 — Geneviève des Bois, comtesse de Brabant, en hauteur, lettre grise. — Geneviève découverte par son mari à la chasse, en travers, avant la lettre. — Héroïsme de Guillaume Tell, 3 p. grand in-fol.

600 — La Défaite. — La Conviction, 2 p. in-fol., par *Marchand*.

601 — Scènes de Paul et Virginie, par *Descourtis*, en couleur, 2 p. in-fol.

602 **Schenau** (D'ap.). Les Intrigues amoureuses, par *Balbou*, in-fol. Superbe ép., avant toute lettre.

603 — Le Maître de guitare. — Le Retour désiré, 2 p. in-fol., avant toute lettre. Belles ép.

604 — La Cuisinière surveillante. — Les Intrigues amoureuses. — Le Maître de guitare. — Le premier Pas de l'enfance. — La Mère qui intercède, 5 p. grand in-fol.

605 **Schenker**. Fanchon la Vielleuse, à Me Belmont, coloriée et noire, 2 p. in-fol.

606 **Schultze**. La jeune Ouvrière accablée de sommeil, in-fol. Très-belle.

607 **Scotin**. Danse d'Arlequin et de Colombine, très-grand in-fol., à l'eau-forte, probablement pour paravent.

608 **Smith**. Painting. Dame à sa toilette, manière noire in-fol. Très-belle.

609 **Strange**. Sainte-Agnès, in-fol. Sans marge.

610 **Surugue**. Vénus allaitant les Amours, d'ap. *Rubens*, petit in-fol. Sans marge.

611 **Touzet** (D'ap.). Le Charlatan. — Le Conducteur d'ours, 2 p. petit in-fol.

612 **Tremolière** (D'ap.). Les Bains de Diane et sa toilette, grand in-fol., par *Maillet*. Très-belle.

613 **Tresca.** Point de Convention. — Scène de Misanthropie et Repentir, 2 p. in-fol.

614 **Vangelisty.** Pyrame et Thisbé, grand in-fol., d'ap. *Guido Reni*. Très-belle ép., grande marge.

615 **Vangorp** (D'ap.). Le Déjeuner de Fanfan, in-fol., en couleur. Superbe et toute marge.

616 — La Ruse. — La Surprise, 2 p. in-fol., en couleur. Belles ép.

617 **Vanloo** (D'ap.). Abraham recevant Agar. — Sainte Geneviève. — Saint Grégoire, 3 p. grand in-fol.

618 — Cupidon. — L'Amour menaçant. — Diane et Endimion. — Halte d'officier, 4 p. in-fol.

619 **Vernet** (D'ap. Joseph). Vue du Port de Dieppe, très-grand in-fol., par *Cochin* et *Le Bas*. Très-belle ép.

620 — L'Arsenal de Toulon. — Le Port de Bayonne. — Le Port de Rochefort, 3 p. très-grand in-fol., par *Cochin* et *Le Bas*. Très-belles ép.

621 — La Tempête. — Le Calme, 2 p., par *Balechou*. — La Pêche en eau douce. — Différents Travaux d'un port de mer, 4 p. très-grand in-fol.

622 — Vue de Naples, dédiée à M. Dimitri, prince Gallitzin. — Vue de Pausilype, dédiée à M. de Tolozan, 2 p. très-grand in-fol. Très-belles ép., marge.

623 — 1re et 2e Vues des environs de Rochefort. — Le Soir. — Les Italiennes laborieuses. — Les Pêcheurs à la ligne. — La Mer calme et autres, in-fol., 12 p. Belles ép.

624 — La belle Matinée. — Les Amants à la pêche. — Le Coup de vent et autres, in-fol., 12 p.

625 **Vernet** (D'ap. Carle). Départ du Chasseur. — Le Chasseur. — Le Chasseur au tirer. — Retour du Chasseur. — Chasseur égaré. — Cheval qu'on bouchonne au retour d'une course, 6 p., par *Debucourt,* grand in-fol.

626 — Oh ! c'est bien ça, composition de 10 figures, costumes de l'époque. Superbe ép. grand in-fol.

627 **Vernet** (D'ap. Horace). Histoire de la duchesse de La Vallière, 8 p. in-fol., en couleur et un double, 9 p.

628 **Vignettes** pour la Bible avec entourage, 130 p. in-8.

629 — de Gravelot et autres, et petits Sujets tabatières, 36 p.

630 — par Folkema, Philips, Vinkeles et autres, 80 p. Superbes, la plupart toute marge.

631 **Voyez.** La Mère pacifique, in-fol., d'ap. *Lucas.* Superbe ép., marge.

632 **Watteau** (D'ap.). Watteau et M. de Julienne dans un jardin, in-fol., par *Tardieu.* Superbe ép., toute marge.

633 — Antoine de Laroque, in-fol., par *Lépicié.* Superbe ép., marge.

634. — Au faible effort que fait Iris pour se défendre, petit in-fol., par *Cochin*. Très-belle ép.

635. — Le qu'en dira-t-on. — Le Conteur de fleurette, 2 p., grand in-4, par *Crespy*. Très-belles.

636. — Le galant Jardinier. Toute marge. — Partie de chasse. — Par la tendresse et par les soins, 3 p. petit in-fol. Très-belles.

637. — Voulez-vous triompher des belles, in-fol., par *Thomassin*. Très-belle ép. Collect. Quenard. Signée.

638. — Le Repos de campagne, in-fol., par *Deplace*. Superbe ép., marge vierge.

639. — Les Saisons, Sujets mythologiques, en hauteur, 4 p. in-fol.

640. — La Danse paysanne. — La Sainte Famille et autres, 4 p. in-fol.

641. — Les Entretiens badins, petit in-fol., en travers, par *B. Audran*. Superbe ép., petite marge.

642. — Du bel Age, par *Moyreau*. — Coquettes qui pour voir galants, par *Thomassin*, 2 p. petit in-fol., en travers.

643. — Les Agréments de l'été, petit in-fol., par *De Favanes*. Superbe.

644. — Le Malade poursuivi par la Faculté, in-fol., par *Joullain*. Très-belle. — L'heureux Loisir, 2 p.

645. — Les Saisons, en travers, p 4. Superbes ép., in-fol., toute marge.

646 — Diane au bain, par *Aveline*, in-fol. Superbe ép., toute marge

647 — Les Champs-Élysées, in-fol., par *Tardieu*.

648 — Le Bosquet de Bacchus, par *Cochin*, in-fol. Très-belle.

649 — Halte, par *Moyreau*. — Retour de campagne, par *Cochin*, 2 p. grand in-fol. Superbes ép., toute marge.

650 — Le Colin-Maillard, grand in-fol., par *Brion*.

651 — Louis XIV mettant le cordon bleu à M. de Bourgogne, grand in-fol., par *De Larmessin*. Très-belle.

652 — Entretiens amoureux, par *Liotard*. — Fêtes au dieu Pan, par *Aubert*, 2 p. grand in-fol.

653 — La Partie carrée. — Camp volant. — L'Amour au Théâtre-Français et autre, 4 p. grand in-fol.

654 — La Musette. Sans marge. — L'Isle de Cithere, 2 p. grand in-fol.

655 — The Island of Cytherea, très-grand in-fol., par *Picot*. Scène de Baigneuse avec un chien. Très-belle.

656 — La même en bistre. Très-belle ép., rognée.

657 — Assemblée galante, grand in-fol., par *Le Bas*. Magnifique ép., marge vierge.

658 — Les Plaisirs du bal, très-grand in-fol., par *Scotin*. Très-belle ép.

659 — Embarquement pour Cythere, très-grand in-fol., par *Tardieu*. — Départ de garnison, grand in-fol., par *Ravenet*, 2 p.

660 **Watteau** (D'après). l'Accordée de village, immense in-fol. par *N. de Larmessin*. Très-belle ép.

661 — La Signature du contrat de la noce de village, immense in-fol. par *Cardon*. Superbe ép., grande marge, a été pliée en deux.

662 — La Mariée de village, immense in-fol. par *Cochin*.

663 — **Arabesques**. Le Bouffon, en hauteur, par *Huquier*. — La Coquette, en travers, par *Boucher*. 2 p. petit in-fol. Superbes.

664 — Le Dénicheur de moineaux, in-fol. par *Boucher*. Superbe ép., toute marge.

665 — Cartouche, par *Moyreau*. — L'Escarpolette, par *Crépy*, — et d'après *Boucher*, Léda. — Triomphe de Pomone. 4 p. in-fol.

666 — Divers, Tête, la Solitaire, la Ruine. Les habits sont italiens copie. 4 p.

667 **Watteau**. Mort du marquis de Montcalm Gozon, à Quebec, en 1759. Grand in-fol. par *Chevillet*.

668 **Wille** (J.-G.). La petite Écolière. — La Maîtresse d'école. 2 p. petit in-fol. Collection Rousselin. Très-belles.

669 — Sapeur des Gardes suisses. — Philosophe du temps passé. 2 p. petit in-fol., marge. Très-belles.

670 — L'Observateur distrait. — Bons Amis. 2 p. petit in-fol. Très-belles.

671 — Mort de Cléopâtre, in-fol. d'ap. *Netscher*. Très-belle.

672. — Les Délices et les Soins maternels et autres. 4 p. in-fol.

673. — Tricoteuse hollandaise, sans marge, et autres. 3 p. in-fol.

674. — Les Musiciens ambulants, d'ap. *Dietricy*, in-fol. Très-belle ép.

675. — Instruction paternelle, in-fol. d'ap. *Terburg*. Belle ép.

676. — Le Concert de famille, in-fol. d'ap. *Schalken*. Très-belle ép.

677. — Le Maréchal des logis, in-fol., d'ap. son fils. Superbe ép. avant le texte au bas.

678. **Wille** fils (D'ap.). Le petit Marchand d'oranges, par *Chevillet*. Très-belle ép., marge, grand in-fol.

679. — L'Écrivain public, par *Guttemberg*. Très-belle ép. grand in-fol. Marge.

680. — La Nouvelle affligeante, in-fol. par *Cathelin*. Très-belle.

681. — Le Temps perdu, in-fol. par *Halbou*. Belle ép.

682. — Les Délices maternels, par *J.-G. Wille*. Superbe ép., toute marge, avec les armes.

683. — Les Conseils maternels. — La Mère indulgente. 2 p. in-fol. Superbes ép., marge.

684. — Les Conseils maternels, avant et avec la lettre. 2 p. in-fol.

685. — Dédicace d'un Poëme épique, grand in-fol. par *Dennel*. Superbe ép., marge vierge.

686 — La petite Javotte. — La Mère Brigitte. — Bonne Femme des environs de Caen. 3 p. in-4.

687 **Woollett.** Paysage d'ap. *Smith*, très-grand in-fol. Superbe ép., petite marge.

688 — Shooting. 4 Sujets de chasse in-fol.

689 **Anatomie** d'André du Laurent. 27 planches et texte gravé, — de Tortebat. 10 planches et texte.

690 **Animaux** de Ridinger et autres. 30 p.

691 **Architecture.** Monuments, Plans, Détails, etc. de Paris, de France et d'Italie. 80 p.

692 **École du XVIII$^e$ siècle**, etc. Sujets allégoriques, mythologiques et autres. 24 p.

693 — Sujets divers, Pastorales, Vénus, et autres, d'ap. Courtin, Fragonard, Huet, Vanloo, etc. 44 p. 2 lots.

694 — Paysages et Sujets champêtres. 12 p. in-fol.

695 — Sujets divers de tous formats. 53 p.

696 — Costumes divers. 32 p.

697 — Statues d'Henri IV, Louis XV et antiques. 20 p.

698 — Vignettes et petits Sujets divers. Plus de 120 p.

699 — Vues, Sujets, Portraits. 30 p.

700 **Marines** et Combats maritimes, d'après La Croix, Bakhuyzen et autres. 15 p. in-fol.

701 **Pièces** à la sanguine. Tête d'ap. Greuze, Pierre et autres, Paysages. 14 p.

702 — en couleur, Scènes de l'histoire anglaise, des princes Édouard, Élisabeth et autres. 6 p. in-fol.

703 — Sujets divers, Paul et Virginie, Jugement de Paris, La Tirelire brisée, etc. 15 pièces, différents formats.

704 **Sujets religieux.** Moïse, Annonciation, Christ, Christ mort, Saint Jean prêchant et autres. 15 p. Très-grand in-fol.

705 — Bibliques et Histoire de Jésus, Saints, etc., d'ap. Poussin, Raphaël et autres. Grand in-fol. 25 p.

706 — diverses Écoles, Vierges, Saints, etc. 50 p., divers formats.

707 — Chaste Suzanne, Adoration des anges, etc. 12 p.

708 — Occupations des religieux de la Trappe, et autres Sujets. 86 p.

709 **Vues** de Paris, de Silvestre, Marot, Rigaud, Ransonnette, etc. 12 p.

710 — de France, Reims, plan et détails de Saint-Remy, Cathédrale de Saint-Denis, Toul, Monuments et Tombeaux de Turenne et autres. 26 p.

711 — étrangères et Scènes religieuses. 26 p. in-fol.

712 — d'Angleterre, Londres, Édimbourg, etc., à 2, 3 et 4 à la feuille. 92 p. in-4.

713 — Paysages et Marines. 90 p., petit format.

714 **Plans** de Venise, Rome, Milan, Gênes, Vues de Dunkerque, Vatican, Naples, le Vésuve et ses environs, Systèmes de Gall et de Lavater. 25 p., immenses in-fol.

715 ÉCOLE HOLLANDAISE. Tabagie. — Buveurs. — Barbier. 3 gouaches sur vélin.

716 PASTELS. Portraits de femme et d'homme. Têtes grandeur naturelle. 2 p.

717 PIGEON (Robert). L'Homme qui va lancer, dans la composition du Pyrrus, de Poussin, et 2 autres. 3 dessins à la plume, signés. Collect. Rousselin.

718 REMBRANDT. Intérieur. — Paysage. 2 dessins à la plume.

719 DESSINS à la plume. Monument, par Leclerc. Le Jeu de boules, d'ap. Callot, par de Boimon. 2 p.

720 — au crayon. Académie de Court, Paysages et autres. 35 p.

721 — à la sanguine. Académies, Antiques, Sujets. 11 p.

722 — à l'encre de Chine, Paysages, etc. [illegible] p.

723 — anciens, au bistre, et autres fac simile. 16 p.

724 — Aquarelles, Sujets, Vues de Hollande et Paysages. 16 p.

725 Portefeuille contenant nombre d'Estampes en mauvais état et Têtes d'études, Principes de dessins de paysage. Un fort lot.

726 Portefeuilles de la collection, environ 30, de divers formats.

Ves Renou, Maulde et Cock, imprs de la Cie des Commissaires-Priseurs, rue de Rivoli, 144. 860

www.ingramcontent.com/pod-product-compliance
Ingram Content Group UK Ltd.
Pitfield, Milton Keynes, MK11 3LW, UK
UKHW022134260726
13993UKWH00003B/1440